AF242247

# PÉTITION

## DES CITOYENS ACTIFS

DE LA COMMUNE DE ROUEN,

*Membres de la Société des Amis de la Constitution,*

## A L'ASSEMBLÉE NATIONALE,

IMPRIMÉE PAR ORDRE DE CETTE SOCIÉTÉ

*En Juin 1791, seconde année de la liberté.*

*A ROUEN,*

De l'Imprimerie de P. SEYER & BEHOURT, Impr.
de la Société des Amis de la Constitution.

# PÉTITION

## DES CITOYENS ACTIFS

### DE LA COMMUNE DE ROUEN,

*Membres de la Société des Amis de la Constitution,*

### A L'ASSEMBLÉE NATIONALE.

---

»Il eſt grand temps d'épurer ce qu'on veut conſerver...... «
*Diſc. de M. THOURET , ſur l'obligation du Roi
de réſider dans le Royaume.*

---

CETTE Pétition a pour objet d'inviter , de prier l'Aſſemblée Nationale de décréter conſtitutionnel-lement ,

Premierement , que les Fonctionnairés publics qui ſont ou ſeront à l'avenir élus dans les Aſſem-blées des Communes & des Cantons , & notam-ment ceux qui ſont ou ſeront à l'avenir élus dans les Aſſemblées électorales des Départements & des

Diftricts, ne pourront, tant que durera l'exercice des fonctions ou magiftratures qui leur auront été conférées, par le choix de leurs Concitoyens, être nommés Electeurs ;

Secondement, que, pour affurer une égale & conftante repréfentation du Peuple dans les Affemblées électorales des Départements, chaque Electeur aura un Suppléant nommé dans la même Affemblée primaire.

# Représentants d'un Peuple libre,

En confacrant le droit individuel de pétition, vous avez donné un grand effor & un nouvel appui à la liberté de chaque citoyen. Par là les délégués du Peuple pour l'exercice de quelques fonctions de Commune ou d'Adminiftration vont être contraints d'abandonner la prétention de le repréfenter ; & l'abandon forcé de cette prétention eft un acte de juftice d'autant plus précieux, que la manifeftation des fentiments de leurs corporations à l'Affemblée Nationale, a inconteftablement prouvé que leur efprit étoit affez fouvent en contradiction avec le vœu général.

Le Reftaurateur de la liberté françaife, ce Monarque, digne, par fes vertus, des plus hautes deftinées, n'a pas encore fait parvenir jufqu'à nous cet important Décret, revêtu de fa fanction royale, ou plutôt de fon acceptation ; cependant, Messieurs, tel eft l'empire de nos fentiments pour vous, que nous nous croirions coupables d'ingratitude, fi nous employions en ce moment la maniere ufitée jufqu'à ce jour par les Sociétés des Amis de la Conftitution, pour vous faire parvenir nos follicitudes & nos vœux.

Ce que nous vous demandons aujourd'hui avec empreffement , ce que nous efpérons obtenir des Fondateurs de notre liberté , eft d'accord avec les principes du Gouvernement qu'ils ont inftitué , & eft en ce moment de la plus grande importance.

Si la premiere partie de notre Pétition étoit négligée , fi la Conftitution fe terminoit fans qu'un décret conftitutionnel eût prononcé que les Fonctionnaires publics ne pourroient être Electeurs pendant la durée de leurs fonctions , cette immortelle production de l'efprit humain , cet édifice à nul autre comparable , inceffamment attaqué dans fa bafe , n'auroit qu'une durée éphémere , & , nous ne craignons point de le dire , l'afferviffement de la Patrie auroit bientôt lieu.

La feconde partie de notre Pétition , quoique d'une bien moindre importance que la premiere , en découle cependant néceffairement ; fa réjection entraîneroit une inégalité de repréfentation dans les Affemblées électorales , qu'il eft de la fageffe des Légiflateurs de prévenir.

# M O T I F S

*Sur lesquels nous fondons la légitimité de la premiere*
*partie de notre Pétition.*

Ils reposent fur vos loix conftitutionnelles, ou
en font des conféquences immédiates. Permettez-
nous, MESSIEURS, de vous les rappeller.

Premierement. L'article XVI de la Déclaration
des Droits de l'Homme & du Citoyen, annonce
» *que toute Société dans laquelle la garantie des droits*
» *n'eft pas affurée, ni la féparation des pouvoirs*
» *déterminée, n'a point de conftitution* «.

Secondement. Vous avez déclaré, dans les ex-
plications fur la troifieme feĉion des Décrets con-
cernant les fonĉions des Corps adminiftratifs, » *que*
» *la Conftitution feroit violée, fi le pouvoir adminif-*
» *tratif n'étoit pas maintenu très-diftinĉ, & de la*
» *puiffance légiflative à laquelle il eft foumis, & du*
» *pouvoir judiciaire dont il eft indépendant* «.

Troifiemement. Vous avez reconnu comme principes conftitutionnels fur la diftribution du pouvoir
adminiftratif, » *Que l'autorité defcend du Roi comme*
» *Chef fuprême de l'adminiftration, aux adminiftrations*
» *de Département ; de celles-ci aux adminiftrations*
» *de Diftriĉ, & de ces dernieres aux Municipalités....*
» *Que les corps adminiftratifs font fubordonnés au*

» Roi.... *Que les Directoires des Départemens & des*
» *Districts doivent toujours être en activité....* Par l'ar-
» ticle IX du §. fecond des fonctions des adminiftra-
» tions de Département & des Diftricts, vous avez
» décrété.... *qu'il n'y auroit aucun intermédiaire entre*
» *les Adminiftrations de Département & le Pouvoir*
» *exécutif fuprême* «.

Quatriemement. L'article XXIII de la premiere
Section du Décret pour la Conftitution des affemblées
primaires & des affemblées adminiftratives, eft conçu
en ces termes :... » *Cette affemblée de tous les Electeurs*
» *de Département fe tiendra alternativement dans les*
» *chef-lieux des différents Diftricts de chaque Dé-*
» *partement* «.

Cinquiemement. Votre Décret du 14 Mai 1790,
rendu fur la demande d'un congé, qu'un Député de
Laon, nommé Electeur dans une affemblée primaire,
follicita de l'Affemblée Nationale pour affifter *comme*
*Electeur* dans l'affemblée de fon Département, eft ainfi
énoncé : » *L'Affemblée Nationale a décrété qu'aucuns*
» *de fes Membres ne pourront affifter comme Electeurs*
» *dans les affemblées de Diftrict & de Département* «.

Sixiemement. Celui fur la réfidence des Fonctionnaires publics, s'exprime comme il fuit : » Art. I.
» *Les Fonctionnaires publics font tenus de réfider pen-*
» *dant toute la durée de leurs fonctions dans les lieux*
» *où ils les exercent, s'ils n'en font difpenfés pour caufes*
» *approuvées* «.

Septiemement. Vous avez enfin proclamé.... » *Que*
» *les principes qui fervent de bafes à l'exercice le plus*
» *étendu du droit de cité, & fur lefquels repofe la liberté*
» *publique, font l'égalité entre les Electeurs, la fûreté &*
» *la liberté des choix, & LA PROMPTE TRANS-*
» *MISSION DES PLACES* «. Vous avez même
ajouté.... » *Que la principale raifon qui a déterminé*
» *l'Affemblée Nationale à préférer les affemblées pri-*
» *maires par canton, aux fimples affemblées par Pa-*
» *roiffe ou communauté, eft que les premieres étant plus*
» *nombreufes, déconcertent mieux les intrigues, détrui-*
» *fent l'efprit de corporation, affoibliffent l'influence*
» *du crédit local, & par-là affurent davantage la li-*
» *berté des Elections* «.

Il fuit des Décrets que nous venons de citer....
Que fi les pouvoirs *légiflatif, exécutif, adminiftra-*
*tif & judiciaire* étoient confondus, il n'y auroit plus
de Conftitution :

Que l'autorité émane du Roi aux Adminiftrations de
Département; de ces Adminiftrations à celles de Diftrict, & de ces dernieres aux Municipalités, & qu'il
n'y a aucun intermédiaire entre le pouvoir fuprême
& le pouvoir adminiftratif :

Que la fûreté & la liberté des choix, l'égalité entre
les Electeurs, *LA PROMPTE TRANSMISSION*
*DES PLACES*, font les bafes de la liberté publique
& de l'exercice le plus étendu des droits politiques
du Citoyen :

Que pour affurer davantage la liberté des élections, l'Affemblée Nationale défire *déconcerter les
intrigues, détruire l'efprit de corporation & affoiblir
l'influence du crédit local* :

Que ces dernieres confidérations l'ont déterminée
à prononcer l'exclufion de fes Membres des affemblées électorales des Départemens, & à ordonner la
réunion des Electeurs alternativement dans les chefs-
lieux des Diftricts de chaque Département :

Que les Fonctionnaires publics doivent réfider pendant toute la durée de leurs fonctions dans les lieux
où ils les exercent,.... & que plus particulierement encore les Directoires de Département & des Diftricts
doivent toujours être en activité.

Ces principes conftitutionnels pofés, nous venons
plus directement aux motifs qui nous preffent de
vous demander qu'il foit conftitutionnellement reconnu, & vu les circonftances urgentes, le plus
promptement poffible....

Qu'à l'avenir, on ne pourra être en même temps
Membre du corps légiflatif, Membre en activité de
la haute Cour Nationale, Membre en activité
du Tribunal de caffation, Juge en activité des
Tribunaux des Diftricts, Préfident des Tribunaux
criminels, Membre des bureaux de Paix & de bien-
faifance charitable, Juge de Paix, Membre en activité des Tribunaux de Commerce, Dénonciateur
public, Commiffaire du Roi, Greffier d'un Tribunal

quelconque, Membre des Administrations de Département & de District, Procureur-Général Syndic, Procureur-Syndic, Sécrétaire des Administrations, Officier Municipal, Procureur de Commune, Substitut, Sécrétaire-Greffier, & Electeur :

Que les fonctions électorales sont également incompatibles avec celles des Ministres, & des principaux Agents du pouvoir exécutif ; mais nous ne nous arrêterons point sur ce qui est relatif à ces derniers.

L'homme immortel que la France & les Nations voisines ont tant pleuré, *Mirabeau*, vous proposa le 7 Septembre 1790, au moment même où vous veniez de décréter que les Electeurs exerceroient pendant deux années les fonctions qui leur seroient confiées, un article additionel qui fut ajourné sur la réclamation de M. *Varin* ; le voici :...» *A compter de la prochaine* » *nomination d'Electeurs dans chaque Canton, les* » *fonctions d'Electeurs seront incompatibles pendant* » *deux années avec toute autre fonction publique* «.

Ce Génie, dont le caractere principal étoit de s'élancer dans la nuit des temps, pour en rapporter & en montrer aux yeux de ses Concitoyens les événements futurs, laissa échapper ces paroles pour appuyer sa motion......: » Comme le despotisme » est la mort du gouvernement purement monar- » chique, les factions, les brigues, les cabales, » font le poison du gouvernement représentatif ; on » intrigue d'abord, parce que l'on croit servir la

» chofe publique ; on finit par intriguer par cor-
» ruption. Tel qui ne recueille des fuffrages que pour
» fon ami , les donneroit bientôt à l'homme puif-
» fant qui les échangeroit pour des fervices , au
» defpote qui les acheteroit avec de l'or. Lorfqu'une
» influence quelconque s'exerce fur des fuffrages ,
» les choix populaires paroiffent être libres , mais
» ils ne font ni purs ni libres ; ils ne font plus le
» fruit de ce premier mouvement de l'ame , qui ne
» fe porte que fur les mœurs & la vertu. De là
» s'introduit la plus dangereufe ariftocratie , celle
» des hommes ardents contre les citoyens paifibles ;
» & la carriere de l'adminiftration n'eft plus qu'une
» arêne périlleufe ; alors le droit d'être flatté , de
» fe laiffer acheter & corrompre une fois chaque
» année , eft le feul fruit que le Peuple retire de
» fa liberté.

» Déjà , ajouta-t-il , la plupart de ces maux me-
» nacent notre régénération politique. Si les choix
» populaires nous ont donné de bons Adminiftra-
» teurs , ne l'attribuons qu'à la premiere & bouil-
» lante verve du patriotifme : il eft certain que
» l'efprit de cabale s'eft manifefté dans les élec-
» tions.......

» D'abord les Electeurs s'accorderont pour ne
» placer que des hommes tirés de leur fein ; par là
» le tableau finon des éligibles de droit, du moins
» des éligibles de fait, fe trouvera réduit à 40 mille
» par-tout le Royaume. »

Dans l'intention d'obvier à tous les dangers que préfentent les choix populaires, *Mirabeau* vous propofa le projet de Décret que vous avez ajourné.

Quoique, nos idées fur les conféquences de la brigue, de l'influence & de la corruption dans les Affemblées électorales des Départements, foient les mêmes que celles de *Mirabeau* ; quoique l'expérience nous ait déjà bien convaincu de la vérité des pronoftics de ce grand penfeur, cependant notre Pétition differe effentiellement de la fienne.

Nous ne demandons point, Messieurs, comme votre illuftre Collegue, de déclarer les fonctions d'Electeur incompatibles avec toute autre fonction publique ; nous penfons à cet égard que cette propofition générale une fois admife, il feroit extrêmement difficile de former les Affemblées électorales des Départements. La miffion d'Electeur étant exclufive de la nomination aux fonctions publiques, peu de Citoyens fe dévoueroient à l'accepter & à la remplir. L'égoïfme mal entendu, ce monftre toujours en contradiction avec le bien public, n'eft pas entierement terraffé, & le temps n'a pas encore affez blanchi vos utiles travaux, pour que le plus grand nombre des Français d'aujourd'hui n'ait pas encore beaucoup de chofes communes avec les Français de 1788.

Quand cette motion ajournée fera reprife en confidération, peut-être croirez-vous convenable pour la liberté publique de prendre un milieu entre le danger d'exclure tous les Électeurs des fonctions publiques & celui de leur laisser la possibilité de choisir tous les Fonctionnaires publics dans le sein de leur assemblée ? Alors vous vous déterminerez peut-être à décréter que les Assemblées électorales ne pourront prendre parmi les Membres qui les composent, que la moitié des Membres des Administrations de Département & de District, & des Juges de District. Par ce moyen, vous satisferez à la Justice & à la mémoire de *Mirabeau*.

Mais comme nous l'avons déjà dit, MESSIEURS, l'objet de notre Pétition diffère de la motion ajournée. Nous ne demandons point, comme *Mirabeau*, que pendant la durée de leurs fonctions, les Electeurs ne puissent être promûs aux fonctions publiques ; ce que nous désirons, c'est que tous les Fonctionnaires publics ne puissent être en même-temps Membres des Assemblées électorales des Départements, &c., &c.

Si les Fonctionnaires publics pouvoient continuer d'être élus Membres des Assemblées électorales des Départements, les loix qui commandent *la séparation des pouvoirs* ; qui exigent *la résidence & la continuité des fonctions* ; qui veulent *l'égalité entre les Electeurs, la sûreté & la liberté des choix, la prompte transmission des places*, qui *tendent à déconcerter les intrigues, à détruire l'esprit de corporation, & à affoiblir l'influence du crédit local* , feroient toutes illufoires & fans action fur la majorité des Citoyens.

Comment concilier en effet , la loi qui commande *la féparation des pouvoirs , fans laquelle il n'y a point de Conftitution* , avec cette confufion de pouvoirs que l'on obferve dans nos Affemblées électorales ? Par une fuite néceffaire des élections , que l'établiffement des Corps conftitués a exigé , elles font devenues un mélange ridicule autant qu'impolitique de tous les pouvoirs , ou plutôt une vraie monftruofité dans l'organifation du Corps focial. Le pouvoir délégué y eft en même-temps pouvoir déléguant ; le pouvoir exécutif, dans les mains des Membres des Adminiftrations des Départements & des Diftricts & des Municipalités, y délégue le pouvoir légiflatif. En un mot , tous les pouvoirs *légiflatif, exécutif, ou adminiftratif, & municipal, judiciaire & électoral , fans la feparation defquels il ne peut y avoir de Conftitution* , font réunis comme en faifceau dans les mains des mêmes perfonnes. Auffi , fi comme quelques écrivains l'ont prétendu d'après les révolutions des plus grands peuples, le corps politique, de même que celui de l'homme , doit porter avec lui les principes de fa deftruction, & commencer à mourir dès fa naiffance, il feroit facile d'annoncer que l'Etat demeurant fi effentiellement altéré dans fa fubftance ,

les fymptômes du dépériffement de notre Conftitution ne tarderoient pas à fe montrer.

A Paris même , ce foyer de lumieres , ce centre
du civifme ; à Paris , par une fuite inévitable des
premieres élections , les pouvoirs *électoral* , *municipal* , *judiciaire* , *executif* , *adminiftratif* & *légiflatif* ,
font également confondus. Le même citoyen y figure
felon l'occurrence & le befoin ; tantôt comme Electeur , tantôt comme Membre d'un Corps adminiftratif ; ici comme Electeur ; là comme Membre
d'un des Tribunaux de juftice : il s'y préfente encore comme Municipal , ou comme Repréfentant
de la Nation ; ou comme Juge , ou comme Membre
de l'Affemblée Nationale , &c.... Ce traveftiffement
impolitique du même Citoyen , excufable & même
indifpenfable au moment de l'établiffement primaire
des Corps conftitués , feroit la honte de nos loix
conftitutionnelles , s'il n'étoit pas févérement in-
terdit.

Cependant , MESSIEURS , combien il s'en faut
que l'Affemblée électorale du Département de Paris ,
dont le territoire s'étend à peu de diftance de la
Capitale , & dont ce Chef-lieu comprend la majeure
partie des Electeurs ; combien il s'en faut que cette
Affemblée électorale reffemble à celles des autres
Départements de l'Empire ! à Paris , celui dont
le cœur brûle de patriotifme & d'humanité , dont
le fang bouillonne à la nouvelle d'une apparence de
danger

danger pour la liberté, & qui communique ſes im-
pulſions intérieures à ſes autres Concitoyens, reçoit
bientôt, par leur approbation ou leur honorable
choix, le prix de ſes talents & de ſes vertus civiques. Dans pluſieurs des Départements, au contrai-
re, ces avantages ſi chers ſont aſſez ſouvent pour
la richeſſe ſecondée de l'action ſourde du préjugé
fatal de la ci-devant nobleſſe ; quelquefois pour
la ſottiſe parée des dehors de la gravité, & plus
encore pour ces hommes de glace quand il s'agit
de faire exécuter les loix deſtinées à affermir notre
égalité morale & politique. Un jour viendra, ſans
doute, que *ces eſpeces de mérites d'autrefois ſe-
ſeront réprouvées!* Le jugement des bons Citoyens
a été fauſſé par le deſpotiſme; la liberté le redreſ-
ſera.

Sous ce premier rapport, celui de ſéparer les
pouvoirs confondus, *le déléguant du délégué*, notre
Pétition doit vous paroître, MESSIEURS, extrêmement importante.

Mais en ſuppoſant que cette conſidération majeure fut nulle, comment concilieroit-on la loi
de la réſidence des Fonctionnaires publics & la
continuité néceſſaire du travail des Directoires des Adminiſtrations des Départements &
des Diſtricts, avec la fonction d'Electeur ? Comment ſe prêter à cette idée que les Membres des
Adminiſtrations des Départements & des Diſtricts,

B

les Juges des Diftricts , les Juges de Paix & les Officiers municipaux quitteroient , *poffiblement en totalité*, tous les deux ans , contre le vœu précis des loix , qui leur enjoignent *de réfider pendant toute la durée de leurs fonctions* ; quitteroient leurs domiciles pour fe rendre à vingt lieues de diftance , au Chef-lieu indiqué , pour y procéder pendant fix femaines , plus ou moins , aux différentes élections qu'exige notre nouveau Gouvernement ? Comment n'être pas révolté par la perfpective de l'événement, non-feulement poffible , mais même probable , de voir , à des époques régulieres , toutes les grandes Villes de l'Empire fans Adminiftration , fans Juftice , fans Police , & privées de la préfence des moteurs de la force publique ?

Certes , MESSIEURS , cet événement eft très-probable ! & pour vous en convaincre , daignez repofer votre attention fur ce qui a lieu ou peut avoir lieu dans notre Ville ? Ce que nous en dirons fera commun à tous les autres principaux lieux du Département de la Seine Inférieure , & conféquemment à tout le Royaume. Maintenant que fon territoire eft aggrandi & que les impôts indirects font abolis , Rouen doit élire au moins quatre-vingt Electeurs. ( Cette Ville en élifoit ci-devant foixante-douze. ) Le Peuple porte affez volontiers des regards de prédilection fur les hommes qu'il a placés à une forte *d'oftenfoir* par fon premier choix;

il nommera donc , selon toute apparence, pour Electeurs, ses Municipaux au nombre de vingt-un ; ses
Juges de District au nombre de six ; ses Juges de Paix au nombre de huit ; les Membres des Directoires du Département & du District au nombre de douze ; les deux Présidents
de ces Corps administratifs , le Procureur-Général-
Syndic , le Procureur-Syndic du District , le Procureur de la Commune & son Substitut ; les Juges
du Tribunal criminel & de celui du Commerce au
nombre de six , en tout 59 Electeurs. Il complet-
tera le nombre de ses Electeurs en choisissant parmi les autres Citoyens de la Ville ; & d'après
notre très-vraisemblable supposition, il lui en restera
encore vingt-un à élire.

Ainsi , au renouvellement de chaque Législature,
Rouen , & conséquemment tous les chefs - lieux
des Départements & des Districts du Royaume (1),
pourroient se trouver dans l'alternative , ou d'être à
peu près sans Représentants dans les Assemblées électorales, ou bien, comme nous l'avons déjà dit , sans
Administration , sans Justice , sans Police, & sans
les moteurs de la force publique. Cet abandon des

---

(1) Le Département de Paris , dont le chef-lieu n'a
point de District , & dont le territoire est peu étendu ,
n'éprouveroit pas ce délaissement de tous les Fonctionnaires
publics aussi complettement & d'une manière aussi fâcheuse
que les autres.

fonctions publiques a eu lieu dans les derniers raf-
femblements des Electeurs, & les bons Citoyens en
murmuroient hautement.

Puifqu'il eft évident qu'on ne peut concilier la
loi de réfidence & celle qui exige la continuité des
fonctions des Directoires des Départemens & des Diftricts, avec la poffibilité d'admettre les Fonctionnaires
publics au nombre des Electeurs, il eft également
évident que notre Pétition, fous ce fecond rapport,
doit être favorablement accueillie des Légiflateurs
de la France.

Il nous refte à confidérer s'il n'y auroit point une
contradiction entre tous les principes que vous avez
confacrés pour affurer *la liberté des choix, l'égalité
entre les Electeurs, la prompte tranfmiffion des places*; entre le défir que vous avez fi hautement manifefté, *de déconcerter les intrigues, de détruire l'efprit de corporation & d'affoiblir l'influence du crédit local*; s'il n'y auroit point une contradiction, difons-nous,
épouvantable même dans fes conféquences, entre
ces principes tutélaires de la conftitution & de nos
libertés, & la tolérance de l'admiffion des Fonctionnaires publics aux affemblées électorales ? Ah !
fans doute, cette fatale contradiction exifte.

Si les Membres des Corps adminiftratifs, fi les
Juges, fi les Municipaux font en même tems délégués & deléguans, comment les Citoyens pourront-
ils fe préferver *des intrigues de l'efprit de corpora-*

*tion & de l’influence du crédit local?* Et quelle com-
paraison *d’influence*, *d’intrigue & d’esprit de corporation* pourroit-on faire de bonne-foi entre celle du
Procureur-Général Syndic , celle du Président &
des autres Membres du Conseil & du Directoire du
Département; entre *l’influence*, *l’intrigue & l’esprit de
corporation* des Procureurs-Syndics & des autres Membres des Conseils & Directoires des Districts , celles
des Juges & des Municipaux d’une grande Commune,
& *l’influence*, *l’intrigue & l’esprit de corporation* d’un
Electeur de nos campagnes ? Assurément il n’y en
a aucune. Le dernier , sous les rapports de la justice & des contributions publiques , n’est-il pas
dans une continuelle dépendance de ces Co-Elec-
teurs? & ne conservent-ils pas sur lui une prépon-
dérence qui rompt tout équilibre ?

Pour vous donner , MESSIEURS , un exemple
de *cet esprit d’intrigue*, *de corporation*, *de cette influence de crédit local*, subversibles de toute égalité & de toute liberté de choix , représentez-vous
une Assemblée électorale dans le sein de laquelle se
trouvent trente-six Administrateurs de Département,
le Procureur-Général-Syndic & le Secrétaire ;

Quatre - vingt - quatre Administrateurs des Districts , six Procureurs-Syndics , six Secrétaires ;

Trente-six Juges des Districts ;

Les Juges des Tribunaux criminels , de Commerce & de Paix ; un nombre plus ou moins grand

de Municipaux , de Procureurs ou de Subſtituts des Communes.

Repréſentez-vous cette Aſſemblée formée d'environ cinq cents Electeurs ( telles ont été , quant au nombre des membres réunis , celles du Département de la Seine inférieure ) , & ſans doute cette maſſe de Fonctionnaires publics dans les Aſſemblées qui doivent déléguer les fonctions publiques , qui doivent être , ſelon vos expreſſions , *la ſource du bonheur & de la plus haute proſpérité de la Nation* , qui doivent vivifier & rajeunir inceſſamment le Corps politique , & le préſerver de tout ce qui tendroit à altérer ſa pureté premiere ; cette maſſe de Fonctionnaires publics vous inſpirera une terreur ſalutaire ſur ce qui doit en advenir un jour.

Oui , MESSIEURS , vous craindrez de rappeller ſur cette terre promiſe ces temps malheureux , où , malgré l'apparence des élections publiques , on comptoit dans chaque ville les *familles municipales* & les *familles conſulaires*. Vous penſerez auſſi que ſi cet état de choſes étoit permanent , tous les ſentiments vils qui compoſent l'intérêt privé & l'intérêt des familles , l'emporteroient bien vîte ſur l'intérêt général , & qu'ils traîneroient après eux la corruption certaine du Légiſlateur par le pouvoir exécutif & ſes Agents. L'exemple de ce qui ſe pratique dans les Gouvernements corrompus ſerviroit à juſtifier ce qui ſe paſſeroit parmi nous ; on ſe vendroit, & l'on vendroit fes concitoyens.

Vous craindrez encore que *cette prompte tranf-miffion* des places, l'objet des vœux les plus ar-dents des amis de la liberté & de l'égalité, ne fût qu'une théorie confignée dans vos loix conftitution-nelles ; & vous ne fouffrirez pas que des magiftra-tures qu'une élection libre ne doit conférer qu'à des hommes capables & integres, deviennent le patri-moine de l'homme riche ou de quelques familles intriguantes.

Tant & de fi puiffants motifs tirés de vos loix, & que les circonftances où nous nous trouvons rendent encore plus preffants, nous laiffent entre-voir que notre Pétition trouvera grâce auprès des Peres de la Patrie, & qu'ils fe détermineront à prononcer conftitutionnellement qu'il y a incompa-tibilité entre l'exercice des fonctions publiques & celui des fonctions d'Electeur dans les Affemblées des Départements & des Diftricts.

Nous n'ajoutons plus qu'une réflexion fur l'objet de la premiere partie de notre Pétition.

Le total des Citoyens actifs du Royaume com-paré avec le dénombrement préfumé des autres Citoyens mâles & fémelles, nous porte à croire que le Citoyen actif en repréfente au moins fix & ftipule pour eux dans les Affemblées primaires, & qu'ainfi l'Electeur en repréfente fix cents & ftipule de même pour eux dans les Affemblées électoraes

des Départements & des Diſtriĉts. La fonĉtion d'E-
leĉteur eſt donc très-impoſante ſous le ſeul rapport de
la repréſentation. Mais combien cette eſtimable fonction acquiert de majeſté , lorſqu'on aggrege à cette
repréſentation le droit de concourir à la délégation
de tous les pouvoirs dont l'enſemble conſtitue la
ſouveraineté nationale ! Pourquoi donc ne ſuffiroit-
elle pas à contenter l'ambition du citoyen d'un Etat
libre ? Et pourquoi , dès qu'il peut en réſulter
quelque danger pour la République , accumuleroit-
on ſur la même tête des fonĉtions que l'intérêt
commun commande de ſéparer ?

Périſſe le Citoyen aſſez malheureuſement né pour
porter l'amour du pouvoir & de la domination juſqu'à
regretter de ne point réunir à la fonĉtion d'Eleĉteur
l'exercice d'une autre délégation du Peuple ! & mal-
heur à celui qui contrariant le Décret que nous at-
tendons de votre juſtice & de votre amour pour l'égalité , *ſans laquelle* , dit Rouſſeau , *il n'y a point de
liberté* , nous décourageroit dès l'aurore des plus
beaux jours & prépareroit dans l'avenir une révolte
du Peuple par la certitude qu'il auroit acquiſe alors
d'un joug nouveau, preſqu'éternel & plus inſuppor-
table cent fois que celui que nous portions avant
qu'une ſainte inſurreĉtion eût briſé nos fers !

# MOTIFS

## *De la seconde partie de notre pétition.*

Les principaux motifs qui nous ont déterminé, MESSIEURS, à vous prier d'ajouter, aux Décrets conftitutionnels fur les Corps Electoraux des Départements, un nouveau Décret énonçant qu'à l'avenir *chaque Electeur auroit un fuppléant*, font les fuivants.

D'abord nous avons penfé que vous ne vous détermineriez point à décréter, fans reftriction aucune, la motion de *Mirabeau*, dont le but eft ainfi que nous l'avons dit, *d'ordonner que pendant la durée des fonctions des Electeurs ils ne pourront être nommés à aucunes fonctions publiques.* L'efprit public n'a pas encore jetté des racines affez profondes pour vous déterminer à admettre cette propofition générale. Son exécution feroit propre, nous en fommes perfuadés, à embarraffer le jeu de la machine politique. Peutêtre même lui oppoferoit-elle une réfiftance infurmontable.

Mais l'Affemblée Nationale ayant voulu que les affemblées Electorales fuffent nombreufes, & que la repréfentation fût générale & conftante, il y auroit encore des raifons fuffifantes, même dans l'hypothefe de l'admiffion de la motion de *Mirabeau*, pour motiver & ordonner la nomination des fuppléants. Ces raifons feroient tirées de la mortalité pendant les deux années, des maladies, des voyages forcés, de l'indifférence ou de l'incivifme d'un certain nombre d'Electeurs, &c.

Ces raifons font foibles en apparence, cependant elles méritent la plus férieufe attention des Légiflateurs.

Si les fuppléants des Electeurs euffent été établis par la Loi, certainement les Electeurs fideles à leurs ferments & incapables de trahir la confiance de ceux qui les ont choifis pour les repréfenter, n'euffent pas héfité, en cas de légitimes empêchements, à fe faire repréfenter. --- Nous n'euffions pas eu la douleur de voir, lors des premieres affemblées pour l'élection de l'Evêque du Département de la Seine inférieure, la maffe des Electeurs, dont le total s'éleve à 837, réduite dès le début à 502, & ainfi 33,500 Citoyens actifs privés de la repréfentation qu'ils avoient droit d'attendre. Mais combien cette douleur devint plus amere quand nous fûmes témoins de la défertion journaliere des Electeurs des campagnes, fatigués, fans doute, de la lenteur des opérations ! Les dernieres élections reflerent, pour la majeure partie, à la merci des Fonctionnaires publics ! ...... Pourquoi donc, MESSIEURS, le fentiment fi vif & fi doux de la liberté nouvellement conquife ; pourquoi le fouvenir de vos travaux & de vos dangers ; pourquoi l'amour de la Patrie, n'ont-ils pas embrâsé le cœur de tous les Electeurs du feu sacré du devoir, de l'émulation & de la reconnoissance ? Mais revenons plus directement à notre objet.

Le motif prépondérant qui nous détermine à vous prier , MESSIEURS , d'accorder des suppléants aux Electeurs, est le suivant.

Si vous agréez la premiere partie de notre Pétition, les Fonctionnaires publics ne pourront être nommés Electeurs durant l'exercice de leurs fonctions ; & si vous pensez qu'il ne feroit pas encore prudent de prononcer, conformément à la motion de *Mirabeau* , *que les Electeurs pendant les deux années de leur exercice , ne pourroient être promus aux fonctions publiques* ; les choses restantes sous ce rapport, dans l'état actuel, il arrivera nécessairement que les choix des Assemblées électorales se dirigeront plus particulierement vers leurs Membres. Ainsi l'on peut raisonnablement s'abandonner à cette idée, que parmi nous , tous les deux ans , les seize Membres du Corps législatif & leur huit suppléants, le Membre de la Haute-Cour Nationale & son suppléant , les dix-huit Administrateurs du Département , les quarante-deux Administrateurs des sept Districts, en tout quatre-vingt-six , seront pris parmi les Electeurs. Et comme ces élections terminées , & ces Citoyens une fois admis à l'exercice de leurs fonctions , nous demandons qu'ils ne puiffent ni continuer les fonctions électorales, ni être réélus Electeurs, il s'enfuit que dans nos principes, il y auroit dans le Corps électoral un vuide de quatre-vingt-fix Membres qu'il conviendroit de nommer dans les Affemblées primaires, fi la Conftitution n'avoit pas pourvu à leur remplacement.

Le Corps électoral pourroit fe décompofer encore par l'effet des choix ; premierement, dans les Affemblées de Commune pour la nomination des Municipaux ; fecondement, dans les Affemblées de Canton pour celles des Juges de Paix ; & troifiemement, par l'effet de quelques élections moins fréquentes, telles font celles des Juges des Diftricts, &c. &c.

Ainfi, MESSIEURS, l'impérieufe néceffité d'écarter les Fonctionnaires publics des Affemblées électorales ; celle d'une repréfentation conftante & entiere ; toutes les raifons enfin de politique & de prudence fe réuniffent pour favorifer auprès de vous la feconde partie de notre Pétition. Ne craignez point qu'en accordant des fuppléants aux Electeurs, néceffaires fous tant de rapports, on vous reproche de confumer inutilement le temps des Citoyens actifs dans les Affemblées primaires ? Il n'en eft pas de ces élections comme de celles des Députés au Corps légiflatif, des Membres des Corps adminiftratifs, & des Municipaux des grandes Communes, dont la durée, par la multiplicité des fcrutins, fatigue les Citoyens, & nuit au Commerce

& à l'Induſtrie. Les opérations des Aſſemblées primaires, même dans les plus grands raſſemblements
de nos Citoyens actifs, exigent à peine quelques
heures : & d'ailleurs ne pourroit-on pas prononcer
que le même ſcrutin ſerviroit pour l'Electeur &
pour ſon ſuppléant ?

Reſtaurateurs des droits de l'humanité, hommes
au-deſſus de tout éloge, vous accorderez l'effet de
notre Pétition ! vous ſavez quel fut le ſort de Ro-
me, pour avoir réuni pluſieurs pouvoirs ſur une même tête ; elle vit renaître dans ſon ſein tous les cri-
mes de la tyrannie & fut ſur le point de périr.....
Sauvez la France ! Sauvez la liberté en ſéparant
plus efficacement les pouvoirs les uns des autres,
& ſur-tout *le pouvoir déléguant du pouvoir délégué* !
Si vous ne preniez point ce parti ſalutaire....

Mais non : après avoir développé ce qu'il y auroit
à redouter pour la choſe publique, un tel ſoupçon
de notre part ſeroit une offenſe.... Vous ne ſouf-
frirez donc pas, MESSIEURS, que les fonctions
publiques, cet honorable patrimoine des talents &
des vertus civiques, deviennent, comme par le paſſé,
celui de quelques familles *privilégiées* ; & que,
tournant toujours dans un même cercle, elles n'é-
prouvent d'autre contradiction que celle d'abandonner une fonction, qu'elles tranſmettront aux
leurs, aux époques fixées par les Décrets, pour
s'inveſtir elles-mêmes d'une nouvelle délégation du

Peuple. Vous ne tolérerez pas plus -long-temps un abus fi décourageant pour les vrais Amis de l'égalité. *La prompte tranfmiffion des places* eft la pierre angulaire de la Conftitution & la fauve-garde de la liberté.

Recevez avec bonté notre reconnoiffance fans bornes , nos hommages & nos refpects.

Rouen , le 4 Juin 1791.

*N. B.* Les noms des fignataires de la Pétition font fur l'original , envoyé manufcrit à l'Affemblée Na-tionale.

*A Rouen.* De l'Imprimerie de PIERRE SEYER, & BEHOURT , Imp. des Amis de la Conftitution.

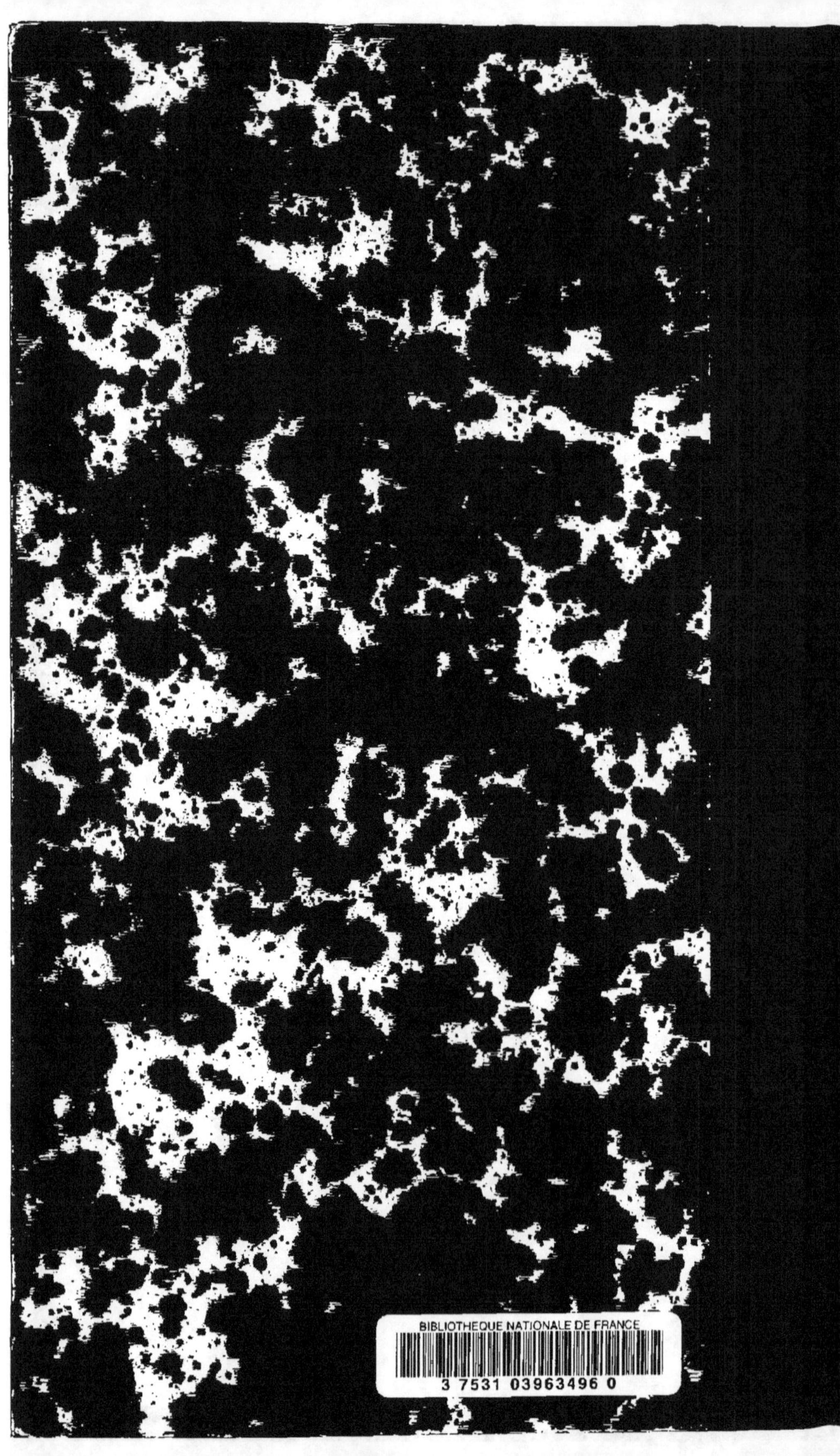

* 9 7 8 2 0 1 3 3 9 6 5 5 4 *